De:

_____

Para:

_____

" Que Dios te bendiga
y siempre te cuide;
que Dios te mire con agrado
y te muestre su bondad."

Números 6:24-25

Consejos sabios para la

Mujer

Las Sociedades Bíblicas Unidas son una fraternidad mundial
de Sociedades Bíblicas nacionales que sirven en más de 200
países. Su propósito es alcanzar a cada persona con la Biblia
completa o parte de ella en el idioma que pueda leer y entender,
a un precio que pueda pagar y en el formato adecuado. Las
Sociedades Bíblicas Unidas distribuyen más de 600 millones de
Escrituras cada año. Le invitamos a participar en este ministerio
con sus oraciones y ofrendas. La Sociedad Bíblica de su país le
proporcionará con agrado mayores informes de sus actividades.

Lo invitamos a leer la Biblia y a compartirla con otros.
Puede adquirirla en su iglesia, librería
o en la Sociedad Bíblica de su país.

Texto bíblico: Traducción en lenguaje actual ®
© Sociedades Bíblicas Unidas, 2002, 2004.
Contenidos no bíblicos:
© Sociedad Bíblica Colombiana, 2010.

TLA533a PORC CONSEJOS SABIOS PARA LA MUJER C-PLA

ISBN   978-958-745-064-4

5M-I-2012-01
Impreso en Colombia

INTRODUCCIÓN

Cuando piensas en la palabra "Mujer", puedes experimentar diferentes clases de sentimientos. Todo depende de si has descubierto o no la verdadera esencia de ser mujer, el valor incalculable con que Dios te creó, la gracia y la belleza con que te adornó y los innumerables dones, capacidades y talentos que te dio y que hacen de ti, mujer, un ser especial, único e incomparable.

Los primeros capítulos de la Biblia narran la creación del hombre y de la mujer. El capítulo uno lo presenta de manera general, pero en el capítulo dos, se nos describe la forma como Dios creó a la mujer, para darla como un regalo divino al hombre. *No está bien que el hombre esté solo, voy a hacerle a alguien para que lo acompañe y lo ayude (Génesis 2:18).*

La mujer estaba concebida en la mente y en el corazón del Creador desde la misma eternidad, y fue traída a este mundo para cumplir con un propósito divino, al igual que el hombre.

Cuando descubres todo el potencial que se encuentra en tu vida, tus innumerables dones y habilidades, tu gran poder de influencia, tu inmensa capacidad para resistir el dolor, y todo aquello que Dios nuestro Creador depositó en ti, sin duda alguna experimentarás un profundo sentimiento de gratitud a Dios, por el regalo incomparable de haberte hecho MUJER.

Este libro que tienes en tus manos, te llevará, capítulo a capítulo, a descubrir los planes y propósitos de Dios para tu vida.

Oramos al Padre celestial para que mientras lees cada página, tus ojos sean abiertos y puedas mirar tu vida más allá de tu propia perspectiva. Que el Espíritu de Dios te ayude a construir tu verdadera identidad.

Consejos sabios para la mujer

TABLA DE CONTENIDO

1. Recibe el amor de Dios y ámalo tú también

Dios amó tanto a la gente de este mundo, que me entregó a mí, que soy su único Hijo, para que todo el que crea en mí no muera, sino que tenga vida eterna.

Juan 3.16

Este texto es una de las joyas más preciosas de la Palabra de Dios. Martín Lutero, el gran reformador, llamó a este versículo "El Compendio de toda la Biblia", porque resume en pocas palabras toda la historia de la salvación.

Desde la caída del primer hombre, el pecado entró en este mundo y afectó a toda la raza humana, trayendo consecuencias destructivas.

- El pecado produjo separación de Dios, de su amor y de su comunión. Pablo escribió: *Todos hemos pecado, y por eso estamos lejos de Dios (Romanos 3.23).*

- El pecado produjo muerte espiritual. *Quien sólo vive para pecar, recibirá como castigo la muerte... (Romanos 6.23a).* El apóstol Pablo habla de la condenación eterna donde el pecado arrastra a cada ser humano que lo practica.

- El pecado produjo temor, vergüenza, enfermedad, odio, inseguridad y ruina.

Y justamente ahí, en medio de toda esta destrucción, producto de la vida del hombre sin Dios, el gran amor de Dios se manifestó de manera asombrosa. Juan lo describe así: *Dios amó tanto a la gente de este mundo*, otra versión dice: *De tal manera amó Dios al mundo... (Juan 3.16 a).* Estas expresiones "tanto" y "De tal manera" muestran lo eterno, incalculable y profundo de su amor por ti y por mí.

Fue por ese gran amor que entregó lo más precioso de él, su único Hijo, Jesús, el Cordero de Dios inmolado, para que diera su vida en sacrificio por cada uno de nosotros.

Pablo describe la grandeza de este amor, cuando expresa: *Pero Dios nos demostró su gran amor al enviar a Jesucristo a morir por nosotros, a pesar de que nosotros todavía éramos pecadores. (Romanos 5.8).*

La condición para apropiarte de todo lo que Jesús hizo por ti, es creer en él e invitarlo a tu corazón para que él sea tu Salvador y Señor.

Toma un tiempo a solas, medita en estas verdades y habla con Jesús. En las páginas siguientes podrás descubrir tesoros maravillosos del amor de Dios por ti.

El amor perdonador
de Dios

No hay otro Dios como tú.
Somos pocos los que quedamos con vida.
Tú perdonas nuestra maldad
y olvidas nuestro pecado.
Tan grande es tu amor por nosotros
que tu enojo no dura para siempre.
¡Vuelve a compadecerte de nosotros,
y arroja todos nuestros pecados
a lo más profundo del mar!
Miqueas 7.18-19

Porque Cristo murió una vez y para
siempre para perdonarnos nuestros
pecados. Él era bueno e inocente, y sufrió
por los pecadores, para que ustedes
pudieran ser amigos de Dios...
1Pedro 3.18a

¡Qué grande y gloriosa fue la obra de perdón del Señor Jesucristo! No importa cómo hayas caminado antes de conocerle, Dios, por su gran amor y misericordia, por medio de la muerte de Jesús y de su sangre derramada en la cruz, te perdona y te limpia cuando te acercas a él, y su perdón es total y para siempre. Tu pasado es borrado y no existen más recuerdos de él.

Como seres humanos nos cuesta trabajo entender esto porque tendemos a llevarle las cuentas a otras personas por lo que nos hicieron. Con cuánta facilidad decimos "Yo perdono, pero no olvido" y por esa razón, nuestro corazón se llena de amargura y resentimientos.

Dios perdona y olvida para siempre nuestro pecado, dándonos la oportunidad de comenzar de nuevo, sin tener que cargar con el pasado doloroso que nos impide alcanzar nuestro propósito en el presente. Una vez que recibimos su perdón, él nos mira como si nunca hubiéramos pecado.

Hoy puedes tomar la decisión de pedir perdón a Dios y recibir su perdón. Hoy puedes tomar la decisión de perdonar a otros, no importa cuánto te hayan ofendido o dañado. Toma hoy la decisión de perdonar y borrar las cuentas, así como Dios, nuestro Señor, lo ha hecho contigo.

El amor restaurador de Dios

Ahora, pueblo de Israel, Dios tu creador te dice: "No tengas miedo. Yo te he liberado; te he llamado por tu nombre y tú me perteneces. Aunque tengas graves problemas, yo siempre estaré contigo; cruzarás ríos y no te ahogarás, caminarás en el fuego y no te quemarás porque yo soy tu Dios y te pondré a salvo. Yo soy el Dios santo de Israel. "Israel, yo te amo; tú vales mucho para mí. Para salvarte la vida y para que fueras mi pueblo, tuve que pagar un alto precio. Para poder llamarte mi pueblo, entregué a naciones enteras, como Sabá, Etiopía y Egipto.

Isaías 43. 1-4

E stos versículos hablan del gran amor de Dios por la nación de Israel. Describe lo que él hizo para poder llamarlos suyos; muestra la manifestación de ese amor en el cuidado que tuvo por ellos.

De la misma manera en que Dios lo hizo con Israel, lo ha hecho con nosotros. Su gran amor no sólo extendió el perdón sino que ha traído restauración a nuestras vidas, para convertirnos en personas útiles y de valor.

Es asombroso pensar que el Dios que creó el universo entero, los grandes mares, las altas montañas, el sol, la luna y las innumerables estrellas, pueda manifestar su amor sobre ti llamándote por tu nombre y diciéndote: "Yo te amo; tú vales mucho para mí ".

Su gran amor debe levantarte de cualquier sentimiento de pequeñez, para Dios eres de un valor incalculable.

Su gran amor te asegura que nunca te dejará ni te abandonará, sino que caminará de tu mano, te asegura que en medio de los ríos, de los fuegos y de las diversas dificultades que pudieras atravesar, nada tienes que temer porque él permanecerá a tu lado y te ayudará.

Una vez que aceptas su gran amor por ti, se produce en tu vida amor por él. Lo podrás amar porque él te ha amado primero (1 Juan 4.19). Al caminar a su lado, aprenderás a amarlo con todas las fuerzas de tu corazón, de tal manera que tu vida ya no girará en torno a ti ni a otros, sino en torno a Dios que te cautiva con su amor infinito.

Su gran amor te llevará a amar a otros, de tal forma, que ellos puedan también llegar a conocer a Dios a través del amor que brota de tu corazón por ellos.

Amarás a los que no podías amar, amarás a tus enemigos, porque ese es el milagro que se opera a través del amor de Dios en nuestras vidas.

¿Quieres vivir en esa dimensión de amor? ¿Quieres convertirte en una vasija de amor para otros? Pídele al Espíritu Santo que traiga a tu corazón esta verdad maravillosa del amor de Dios.

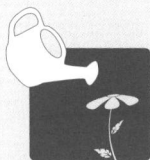

¿Cómo puedes experimentar el amor de Dios en tu vida?

Recuerda que:

- El pecado nos separa de Dios y nos trae muerte espiritual, dolor, vergüenza, enfermedad y temor.

- Dios te ama, y eres de un valor incalculable para él, y por eso envió a su unigénito Hijo, el Señor Jesucristo, a morir en una cruz para perdonarte y darte vida eterna. Cristo nos reconcilió con el Padre celestial por medio de su sacrificio en la cruz.

- Dios no sólo perdona tus pecados sino que además, se olvida de ellos. *Pero Yo que soy tu Dios, borraré todos tus pecados y no me acordaré más de todas tus rebeldías. (Isaías 43.25)*

- Su inmenso amor te da la certeza que jamás te dejará ni te abandonará, siempre caminará a tu lado aun en medio de las tormentas, el fuego y las peores circunstancias. No sólo estará a tu lado sino que te sostendrá y levantará.

- Acepta a Jesucristo como Señor y Salvador de tu vida. Invítale a que entre en tu corazón, perdone tus pecados y dirija tu vida desde ahora y para siempre.

Si deseas vivir el gran amor de Dios, recibir su perdón y su salvación, lee en voz alta esta sencilla oración:

Señor Jesucristo, reconozco en lo más profundo de mi corazón que mi vida sin ti no tiene sentido.

Creo firmemente que diste tu vida por mí y derramaste tu sangre para salvarme. Hoy también quiero darte mi vida para que a partir de este momento tomes el control absoluto de ella. Perdona mis pecados y transfórmame en una mujer diferente.

Te confieso como mi Dios, Señor y Salvador. AMÉN

2. Descubre tu identidad y tu propósito

Al ver Dios tal belleza, dijo:

Hagamos ahora al ser humano tal y como somos nosotros. Que domine a los peces del mar y a las aves del cielo, a todos los animales de la tierra, y a todos los reptiles e insectos.

Fue así como Dios creó al ser humano tal y como es Dios. Lo creó a su semejanza. Creó al hombre y a la mujer

Génesis 1. 26 a-27

Por su propia voluntad y su deseo, Dios, el Creador de todo el universo, creó al hombre y a la mujer. En el texto anterior del libro de Génesis vemos que hasta ese momento Dios había declarado su palabra creadora sobre la luz, la tierra, los mares y los animales. El escenario estaba listo para poner sobre su creación preciosa, al hombre y a la mujer y así fue; Dios mismo diseñó a Adán y a Eva, les dio forma y les dio la vida.

El salmo 139.13 -16 dice: *Dios mío, tú fuiste quien me formó en el vientre de mi madre, Tú fuiste quien formó cada parte de mi cuerpo. Soy una creación maravillosa, y por eso te doy gracias. Todo lo que haces es maravilloso, ¡De eso estoy seguro¡ Tú viste cuando mi cuerpo fue cobrando forma en las profundidades de la tierra; ¡Aún no había vivido un solo día, cuando tú ya habías decidido cuánto tiempo viviría¡ ¡Lo habías anotado en tu libro!*

En este salmo, el autor describe poéticamente, cómo Dios nos formó en el vientre de nuestra madre. El inmenso amor y cuidado de Dios quedan plasmados de tal forma, que David, su autor, exclamó: ¡TODO LO QUE HACES ES MARAVILLOSO! Dios mismo anotó en "su libro" cada detalle de la creación de los seres humanos, en su libro dejó por escrito sus pensamientos, sus anhelos y sus sueños para cada hombre y cada mujer en particular.

Uno de los mayores males de la sociedad, a través de todos los tiempos, es que las personas sufren por causa de la crisis de identidad y la falta de propósito en la vida, por no saber quiénes son, ni para qué están aquí. Tal vez tú misma, hasta ahora, has sufrido por las mismas causas. En las páginas siguientes podrás descubrir quién eres en realidad, de dónde vienes y para qué estás en este mundo.

Dios te dio identidad

La Biblia nos enseña que Dios creó al hombre y a la mujer a su imagen y semejanza, esto significa que los creó tal como él es, que estampó en ellos su identidad en el espíritu y alma del hombre y de la mujer.

Para comprender el significado de identidad, pensemos en el siguiente ejemplo: Un padre da identidad a los hijos, porque al engendrarlos pone en ellos su ADN, les aporta sus genes, que a la postre, los identificará como sus hijos. De la misma manera, cuando Dios creó a Adán y a Eva puso de su identidad en ellos, y esa identidad se fortalecía en la media en que ellos tenían comunión con Dios y caminaban juntos en su voluntad. Adán y Eva recibieron la imagen y semejanza de Dios en su creación, es decir, su esencia y función, pero también, en su relación, porque vivieron en intimidad con él, mientras estuvieron en el huerto del Edén.

Cuando Adán y Eva pecaron, esa imagen de Dios en ellos se desdibujó. Por causa del pecado se alejaron de su Padre Celestial y ya no tenían un patrón o modelo para seguir. Esto los llevó a una profunda crisis de identidad que afectó sus emociones, sus sentimientos y su conducta, y marcó desde entonces, a toda la raza humana.

La buena noticia es que la imagen de Dios en el hombre y la mujer y la identidad que Dios les dio cuando los creó, pueden ser recuperadas por medio de Jesucristo y de nuestra comunión con él.

La Biblia dice que Cristo es *la imagen del Dios invisible* (Colosenses 1.15) y que él es *el resplandor de la gloria de Dios, y la imagen misma de su sustancia* (Hebreos 1.3). De manera que si Cristo es la imagen misma de Dios y nosotros fuimos creados a imagen de Dios, nuestra identidad está en Cristo, quien vive dentro de nosotros.

Si tú crees en Jesús, si le has confesado como tu Señor y Salvador, le amas y le sirves, puedes disfrutar de una correcta identidad en él y esto te llevará a estar segura de donde vienes, cual es tu origen, tu propósito en la vida y tu destino.

Los propósito de Dios para tu vida

Dios no sólo nos creó a su imagen y semejanza y nos dio su identidad, sino que también nos creó con un propósito eterno. La Biblia dice que fuimos creados por Dios, que somos de él y que existimos para él (Romanos 11.35), también dice que fuimos creados para adorar a Dios y cantarle alabanzas (Isaías 43.7) y dice además, que todas las cosas y el universo fueron creadas por Cristo y para Cristo (Colosenses 1.15 y Hebreos 1.2).

En la Biblia está escrito lo que Dios quiere que tú seas, y también lo que él quiere que tú hagas. Por eso, puedes estar segura que no eres producto de la casualidad, sino que el pensamiento y el sentimiento de Dios se hicieron realidad en la vida que él te dio. Él es tu Creador y es quien te formó y te conoce desde que estabas en el vientre de tu madre. El mismo Dios que hizo el universo ¡te planeó cuidadosamente!

Tristemente por causa del pecado, no sólo se desdibujó la imagen de Dios en el hombre y la mujer, sino que también se afectó el propósito para el cual fuimos creados. El hombre y la mujer pecadores, viven apartados de Dios, no lo honran con sus vidas, no existen para alabarlo y darle la gloria que sólo él merece.

Dios desea que alcances tus sueños y cumplas tus metas, él quiere bendecirte. Pero es necesario que comprendas que hay un propósito fundamental, para el cual fuiste creada, como lo leíste anteriormente.

Tú naciste por la voluntad de Dios, por eso en él, y sólo en él, puedes encontrar tu origen, tu verdadera identidad, tu propósito en la vida y tu destino final.

**Dios te creó y te dio su identidad como parte de un plan maravilloso para la humanidad.
Fuiste creada para Cristo y para darle gloria y alabanza con tu vida.**

Portadora
de vida

y les dio esta bendición:
Quiero que se reproduzcan, quiero que se
multipliquen, quiero que llenen la tierra y la
pongan bajo su dominio. Que dominen a los
peces del mar y a las aves del cielo, y a todos
los seres vivos que se arrastran por el suelo.

Génesis 1.28

Esta porción de la Biblia nos revela uno de los muchos propósitos con los cuales Dios creó al hombre y a la mujer; que se reprodujeran y se multiplicaran, que llenaran la tierra, para que ésta fuera habitada. Así todas las naciones del mundo podrían reconocerse como hechos de una misma sangre y descendientes de un mismo linaje, a la imagen de Dios y con su identidad.

Después de la caída, Adán le puso un nuevo nombre a su esposa; antes la había llamado "hembra", pero ahora la llamó EVA, porque ella sería madre de todos los vivientes que iban a habitar la tierra. (Génesis 3.20). Con este nuevo nombre, Adán estaba reafirmando uno de los propósitos de Dios para la mujer. Por eso la mujer es dadora de vida. Su cuerpo fue diseñado por Dios para concebir, gestar, guardar y dar a luz la vida. Un privilegio maravilloso y una responsabilidad grande y única, destinada por Dios, exclusiva-mente para la mujer, a través de la maternidad.

Como mujer estás diseñada físicamente por Dios para ser madre, pero también estás llamada a llevar vida a donde quiera que vayas y a llenar la tierra con la presencia de Dios, que habita en ti. En la medida que permitas que él viva en ti y le des autoridad para que te gobierne, tendrás más de él y esto, lo podrán ver todos aquellos que están a tu alrededor y que necesitan que personas como tú le muestren a Dios.

Instrumento de Dios en la redención

Haré que tú y la mujer sean enemigas; pondré enemistad entre tus descendientes y los suyos. Un hijo suyo te aplastará la cabeza y tú le morderás el talón.

Génesis 3.15

Esta porción de la Biblia nos muestra parte de la sentencia que Dios dictó contra la serpiente, después de haber sido el instrumento de Satanás para tentar a la mujer, en el jardín del Edén. Dios declaró que una eterna enemistad habría entre la serpiente y la mujer y sus descendientes.

Pero también encontramos en esta Escritura, una declaración divina que traería vida y restauración: La simiente de la mujer, su descendencia, aplastaría la cabeza de Satanás con una herida mortal que lo llevaría a su gran derrota.

Dios estaba hablando del Mesías, quien vendría a este mundo, para salvar a la humanidad de la destrucción y de la muerte y ese Mesías, nacería de una mujer.

El mismo instrumento usado para la caída, ahora Dios en su infinito amor, lo usaría para la redención de la humanidad. La mujer sería el canal escogido por él, para manifestar su salvación al mundo. ¡Cuánto significado tiene para cada mujer, entender la magnitud de este propósito divino para toda la raza humana!

La promesa de Dios se cumpliría cuatro mil años después. Como lo expresa el apóstol Pablo en, Gálatas 4.4: *Pero cuando llegó el día señalado por Dios, él envió a su Hijo (Jesucristo), que nació de una mujer... (Gálatas 5.5a)*

Dios en su infinita gracia escogió a la mujer como el instrumento humano para que se manifestara su redención bendita, y tú, eres parte de ese maravilloso plan.

Portadora de buenas noticias

El ángel les dijo a las mujeres: no se asusten. Yo sé que están buscando a Jesús el que murió en la cruz. No está aquí; ha resucitado, tal y como lo había dicho, vengan a ver el lugar donde habían puesto su cuerpo. Y ahora vayan de inmediato a contarles a sus discípulos que él ya ha resucitado, y que va a Galilea para llegar antes que ellos. Allí podrán verlo. Este es el mensaje que les doy. Las mujeres se asustaron mucho, pero también se alegraron y enseguida corrieron a darles la noticia a los discípulos. En eso Jesús les salió al encuentro y las saludó. Ellas se acercaron a él, le abrazaron los pies y le adoraron. Entonces Jesús les dijo: No tengan miedo, corran a avisarle a mis discípulos, para que vayan a Galilea; allí me verán.

Mateo 28. 5 – 10

E sta escritura es una de las más gloriosas de la Biblia: ¡Jesucristo resucitó, él no se quedó en el sepulcro, sino que él se levantó de la muerte! Las mujeres estuvieron a los pies de la cruz, allí lloraron por él y derramaron todo el dolor de su corazón por su muerte. El día domingo, al tercer día de la muerte del Señor, vinieron al sepulcro para encontrarse con la gran sorpresa de que la tumba estaba vacía. Un ángel de Dios estaba allí, sentado sobre la piedra que había cerrado el sepulcro, y les dijo: *No está aquí, ha resucitado, tal y como lo había dicho. (Mateo 28.6).* Ellas se asustaron, pero también sintieron profundo gozo. El ángel les dio una misión para cumplir: anunciar, proclamar las buenas nuevas de la resurrección. La obra de Cristo estaba completa, él había muerto por nuestros pecados, había pagado por nuestros pecados con el precio de su propia sangre, pero ahora la tumba estaba vacía, la muerte no pudo retenerlo. Él resucitó y le encomendó a un grupo de mujeres que llevaran la buena noticia. Ellas fueron las primeras portadoras del mensaje más grande que la humanidad pueda conocer. El mensaje que garantiza la esperanza de una gran salvación, para todo el que cree en Jesucristo, el hijo de Dios.

El mundo entero necesita escuchar las buenas de la redención, y cada mujer está llamada por Dios, tanto como los hombres, para anunciar ese mensaje a su familia, a sus amigos, a todos los que la rodean, a cuantos necesiten perdón, sanidad, liberación y restauración, porque Jesucristo no ha cambiado, él está vivo, él resucitó, y hoy sigue extendiendo su amor, su perdón y su gracia sobre todo aquel que lo necesita.

Hoy, después de más de 2.000 años, el Señor sigue enviando a las mujeres, que han sido testigos de su salvación a que anuncien las buenas noticias al cansado, al oprimido, al necesitado (Lucas 4.17 – 22).

Entonces, a partir de ahora, anímate a cumplir con este maravilloso propósito: a donde vayas comparte que sí hay esperanza en Jesús, porque él está vivo para siempre y que por medio de él fuimos reconciliados con el Padre.

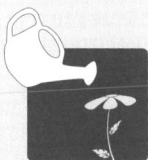

¿Cómo puedes descubrir tu identidad y cumplir con los propósitos de Dios?

Medita en estas verdades detenidamente y pídele a Dios que te ayude a comprenderlas hasta que se hagan vida en ti.

* Tú no eres producto de la casualidad. Fuiste creada por Dios con todo detalle, y te creó a su imagen y semejanza.

* Tu verdadera identidad está en Cristo, que es la imagen misma de Dios. Sólo en él puedes encontrar tu origen, tu propósito en la vida y tu destino.

* Dios te creó con un propósito eterno. Eres de Cristo y para Cristo. Esto significa que debes honrarlo, y alabarlo, en todo lo que hagas, pienses y digas, porque fuiste creada para su gloria.

* Eres parte del plan de Dios para la humanidad. Dios te bendijo con el maravilloso don de la maternidad, y te llamó para llevar las buenas nuevas de salvación a todos los que te rodean.

* Acércate a Dios, conócelo y pasa tiempo en la intimidad de la oración con él, porque sólo así podrás encontrar en tu vida, la identidad que Dios te dio.

* Probablemente, has tenido experiencias dolorosas y destructivas que han producido en ti pensamientos equivocados, contrarios al pensamiento de Dios para tu vida, que te hacen sentir que no eres amada, valorada, ni aceptada; que te hacen creer que no sabes quién eres ni para dónde vas. Pide al Espíritu Santo su ayuda, para que puedas derribar todas las mentiras en tu mente, para que la verdad de Dios

y su divina Palabra transformen tu mente y tu corazón y te lleven a entender quién eres y en qué lugar estás en Dios.

🌿 La renovación de tu mente te lleva a encontrar tu propósito: *...Así podrás saber qué es lo que Dios quiere, es decir, todo lo que es bueno, agradable y perfecto (Romanos 12.26).* Su Palabra te revelará sus propósitos y planes para tu vida y el Espíritu Santo te guiará paso a paso, para que abraces esos propósitos y los cumplas. Además, podrás comprender que para cumplir con sus propósitos divinos, Dios mismo te dotó con dones y talentos maravillosos, que hacen de ti una mujer única e irremplazable.

🌿 Lee diariamente la Biblia, ya que contiene todas las instrucciones y la guía de Dios para tu vida. *"En realidad, todo fue creado por Dios; todo existe por él y para él. Así que alabemos a Dios por siempre."* (Romanos 11. 36).

🌿 Busca un lugar en el que puedas estar a solas con Dios. Exprésale tus sentimientos y tus inquietudes. Pide la ayuda al Espíritu Santo para que aclare tus dudas y te ayude a comprender el propósito para el cual fuiste creada. Si así lo deseas, dile estás palabras:

Señor, ahora puedo entender claramente tu gran amor por mí. Gracias por darme identidad. Ahora sé quién soy y de dónde vengo. Sé que no existo por casualidad, sino que tú me trajiste a este mundo con un propósito.

Señor, quiero apoderarme de mi destino, ese que tú planeaste para mí desde el vientre de mi madre; te pido que me ayudes y me dirijas para llegar a ser la mujer que tú quieres que yo sea.

Te pido que tu Espíritu Santo me guíe en cada paso de mi vida, para vivir en tu voluntad, agradando tu corazón y llevando gloria a tu nombre. AMÉN.

3. Vive en paz con Dios y con todas las personas

Les doy la paz, mi propia paz, que no es como la paz que se desea en este mundo. No se preocupen ni tengan miedo por lo que pronto va a pasar.

Juan 14.27

Dios es el autor de la paz. Cuando creó al hombre y a la mujer les dio en el Edén un ambiente natural de una belleza incomparable en el que nada les faltaba, y vivían en perfecta armonía y en comunión íntima con el Creador. ¿Podría acaso existir un plan más maravilloso? Sin embargo, este plan fue interrumpido cuando Adán y Eva desconfiaron de Dios y pecaron; entonces, fueron echados por el mismo Dios de este lugar maravilloso de paz y perfección, y perdieron su comunión íntima con él, quedando a la deriva. Al dar cabida a Satanás, éste trajo consigo todo lo contrario a la paz de Dios.

Como consecuencia de la caída, los seres humanos vivimos en un mundo lleno de angustias, miedos e inseguridades. A consultorios médicos acuden personas que buscan un poco de paz; muchos invierten grandes cantidades de dinero en medicamentos que puedan tranquilizarlos y proporcionarles algunas horas de sueño. Las naciones buscan paz con otras naciones, organizaciones mundiales se reúnen para consultar cómo obtener paz, se firman convenios que se rompen tan rápidamente como se firman y al final, sólo se produce muerte, violencia, incertidumbre y más intranquilidad. En medio de todo este caos, está la mujer del siglo XXI, que tiene que enfrentar, vez tras vez, mayores retos a nivel personal, retos en la familia, el trabajo y en general en todas las áreas de la vida. Esos desafíos, cada vez mayores, producen presiones tan fuertes que llegan aun a afectar la salud emocional, física y mental de la mujer.

Y ¿cómo podemos tener paz en medio de tanta presión? La paz que ofrece el mundo es una paz aparente y temporal, que depende de factores externos y que nunca alcanza el corazón del hombre.

Pero gracias a Dios hay buenas noticias, Dios mismo proveyó la solución para devolvernos la paz al enviar a su hijo Jesucristo para que nos reconciliara con él, y con los demás. El texto mencionado en Juan 14.27, habla de una clase de paz que no se puede conseguir en el mundo; es una paz diferente, única y verdadera.

La palabra PAZ, es traducción de la palabra hebrea "SHALOM" y significa bienestar total, un cúmulo de bendiciones de toda clase, bendiciones que son derramadas por Dios, desde el cielo y para los hombres.

Esa es la clase de paz que sólo Jesucristo puede dar, es verdadera paz interna que permanece para siempre, sin importar las dificultades o tristezas; es una paz que enriquece el alma por la eternidad y que direcciona el corazón del ser humano al plan original de Dios.

Al finalizar este capítulo esperamos que encuentres esa paz tan anhelada, por la que el mundo entero está clamando, esa paz que lleva al descanso y a la calma interior, esa paz que nos permite seguir adelante, aun en medio de las más difíciles situaciones y en la que encontramos consuelo y esperanza, porque es la paz que "sobrepasa todo entendimiento".

Paz con Dios a través de Jesucristo

Dios nos ha aceptado porque confiamos en él. Esto lo hizo posible nuestro Señor Jesucristo. Por eso ahora vivimos en paz con Dios.

Romanos 5.1

El primer paso para experimentar paz con nosotros mismos y con los demás, es ponernos en paz con Dios, de lo contario, todos los intentos serán en vano. Y la única manera de ponernos en paz con Dios, es reconociendo que esa paz la obtenemos gracias a Jesucristo.

El pecado trajo separación entre Dios y el pecador. Como lo describe el profeta Isaías:

Pero la maldad de ustedes los ha separado de Dios. Sus pecados han hecho que Dios tape los oídos y no quiera escucharlos.

Isaías 59.2

Lo que Jesús hizo en la cruz fue reconciliarnos con Dios. Él entregó su vida y derramó hasta la última gota de su sangre para que nosotros pudiéramos obtener perdón, una vez y para siempre. En el momento de su muerte, Jesucristo estableció un puente para unir a Dios con el pecador, sellando así, un pacto de paz.

Si ya decidiste creer en Jesucristo, como tu Señor y Salvador y le diste tu vida, entonces estás en paz con Dios. Mantén tu unidad con él en todo momento, pídele perdón cada vez que cometas un pecado y sigue adelante; su amor y su Espíritu Santo te rodearán con verdadera paz.

Oración y gratitud: Requisitos para mantener la paz

No se preocupen por nada. Más bien, oren y pídanle a Dios todo lo que necesiten y sean agradecidos. Así Dios les dará su paz, esa paz que la gente de este mundo no alcanza a comprender, pero que protege el corazón y el entendimiento de los que ya son de Cristo.

Filipenses 4. 6 – 7

Así que pongan sus preocupaciones en las manos de Dios, pues él tiene cuidado de ustedes.

1 Pedro 5.7

En general, las personas creemos vivir en alegría y paz mientras las cosas a nuestro alrededor están bien. Si tenemos trabajo y disfrutamos de cosas materiales, nuestro corazón está en paz. Mientras no existan dificultades con el esposo, los hijos, los padres, los amigos, los vecinos, vivimos en aparente paz. Si gozamos de buena salud, creemos que disfrutamos de profunda paz y alegría; pero cuando llegan las dificultades, la paz desaparece de nuestras vidas.

El apóstol Pablo habla de una paz que no depende de que las cosas estén bien, habla de la paz sobrenatural, verdadera y genuina, que sólo Jesucristo puede dar. Una paz incomprensible a la mente humana pero muy real, una paz que es producida por el Espíritu de Dios e impartida al espíritu de todo aquel que ha aceptado a Jesús como su Señor y Salvador. Es una paz que a pesar de las tormentas, dificultades y adversidades, está muy dentro de nosotros y que nos mantiene con la esperanza de que toda situación adversa llegará a su fin.

Pero además, el apóstol Pablo nos enseña que debemos orar, pedirle a Dios lo que necesitamos y ser agradecidos: Esa paz bendita es la respuesta de Dios cuando nos acercamos confiadamente a él, en medio de las dificultades, con oración y clamor, y un corazón agradecido.

La paz que Jesucristo da, nos lleva a darle gracias a Dios por su respuesta y nos mantiene fortalecidos en medio de los problemas, hasta que Dios mismo nos envía la solución.

l ser miembro de la familia de Dios manifiestas algunas características y ciertas conductas que te hacen diferen-

¿Quieres experimentar la paz de Dios? Deposita ahora mismo tus preocupaciones en sus manos, descansa en él y espera confiadamente, porque su respuesta llegará en su tiempo perfecto.

La paz de Dios te lleva a vivir en paz con los demás

Dios los ama mucho a ustedes, y los ha elegido para que formen parte de su pueblo. Por eso, vivan como se espera de ustedes: amen a los demás, sean buenos, humildes, amables y pacientes. Sean tolerantes los unos con los otros, y si alguien tiene alguna queja contra otro, perdónense, así como el Señor los ha perdonado a ustedes. Y sobre todo, ámense unos a otros, porque el amor es el mejor lazo de unión. Ustedes fueron llamados a formar un solo cuerpo, el cuerpo de Cristo. Dejen que la paz de Cristo gobierne sus corazones, y sean agradecidos.

Colosenses 3.12 – 15

Dios bendice a los que trabajan para que haya paz en el mundo, pues ellos serán llamados hijos de Dios.

Mateo 5.9

Al ser miembro de la familia de Dios manifiestas algunas características y ciertas conductas que te hacen diferente de los demás. Los miembros de la familia de Dios, en todo tiempo, muestran la luz de Dios que vive en ellos.

La relación con Dios, que ha sido restaurada por medio del sacrificio de Jesucristo en la cruz del Calvario, hace brotar en cada corazón el deseo sincero de restablecer las relaciones con todas las personas, sin importar si nos han herido o si somos nosotros quienes hemos lastimado a otros.

La gracia y el perdón de Dios, que puedes experimentar en tu vida, te ayudan a ver las circunstancias de la perspectiva de Dios, te ayudan a comprender el corazón de los demás y a ver a cada persona en particular, como Dios las ve.

Cuando tienes comunión con Dios, quieres proyectar en los demás lo que Cristo hizo por ti al morir en la cruz y todo el amor que te manifestó.

El amor, la bondad, la paciencia la mansedumbre, la amabilidad, son tus mejores herramientas para trabajar las relaciones familiares y con los amigos. Son actitudes que nacen de un corazón que ha sido perdonado y restaurado por Dios, de un corazón que está en paz con Dios y consigo mismo.

Pídele al Señor Jesucristo que llene tu corazón de su inmensa paz, para que puedas manifestar a otros las actitudes que te llevarán a vivir en paz con los demás. ¡Así el mundo verá en ti la diferencia!

¿Qué puedes hacer para experimentar la paz de Dios?

Recuerda que sólo Jesucristo puede darte la paz que tu alma necesita. Una paz verdadera y duradera, que como lo dijo Pablo "sobrepasa todo entendimiento" porque no depende de cosas externas, ni materiales.

- Medita en lo que has leído sobre la paz de Dios, la paz con Dios, la paz contigo misma y la paz con los demás, y pide al Señor Jesucristo que te ayude, para que estas verdades se hagan vida en tu corazón.

- Dedica un tiempo, cada día, para hablar con Dios, que es tu Padre, y dale las gracias por todas las bendiciones que recibes.

- Elabora una lista con todas las cosas que te preocupan o producen presión; léelas en voz alta a Dios y entrégaselas, una por una, pidiéndole su ayuda y su paz.

Para ti también es el regalo inmenso de la paz de Dios. Comienza desde hoy a disfrutar esa paz interna, y que permanece para siempre, rindiendo tu vida a Cristo y diciéndole esta sencilla oración:

Amado Señor Jesucristo, reconozco que sólo tú eres la fuente de la vida y de la paz que mi alma necesita. Hoy vuelvo a ti mi corazón y mi vida y te pido que me llenes de tu inmensa paz, aun en medio de las tormentas de la vida. Te doy gracias por todas las cosas que me has dado y por tu gran amor por mí. AMEN.

4. Aprovecha tus dones y talentos

*Cada uno de ustedes
ha recibido de Dios
alguna capacidad especial,
úsela bien en el servicio a los
demás.*

1 Pedro 4.10

Dios ha dado dones y talentos a todas las personas. Cuando él creó al hombre y a la mujer los hizo distintos, para cumplir diferentes funciones; los creó con dones y capacidades diferentes y los dotó especialmente para cumplir con el propósito y el llamado que él mismo les determinó. Dios le dio a la mujer cualidades incomparables; fortaleza, gracia, ternura, una gran sensibilidad espiritual y también la bendijo con múltiples habilidades.

En la Biblia encontramos historias de mujeres maravillosas que demostraron sus dones, talentos y habilidades naturales y cumplieron un importante rol en su familia, su comunidad y su nación. La parte final del capítulo 31 del Libro de Proverbios presenta un inspirador poema, que es un homenaje a la mujer ejemplar y evidencia claramente la gracia de Dios en la mujer.

Al igual que las mujeres ejemplares en la Biblia, Dios también te ha dado dones, talentos y habilidades naturales que debes descubrir y cultivar. Dios desea que los uses para que puedas cumplir tus metas, pero lo más importante, es que él desea que con ellos puedas servir y bendecir a los demás, como lo enseña el apóstol Pedro en el texto anterior. Cuando lo haces, te conviertes en el brazo extendido de Dios que trae ayuda, consuelo, consejo, restauración, enseñanza y bendición a quien lo necesita.

Querida mujer, recuerda que Dios nunca te pedirá que hagas algo, si antes no te ha dado la capacidad para realizarlo, y que él nunca te hubiera dotado con tantos dones y talentos maravillosos, para pedirte que no los uses. Esperamos que al leer este capítulo lo confirmes.

Fortaleza de carácter

Por eso Dios hizo que el hombre se quedara profundamente dormido. Y así, mientras este dormía, Dios le sacó una de sus costillas, y luego le cerró el costado. De esa costilla Dios hizo una mujer. Cuando se la llevó al hombre, este dijo: ¡Esta vez tengo a alguien que es carne de mi carne y hueso de mis huesos! La llamaré hembra, porque Dios la sacó del hombre.

Génesis 2.21-23

Finalmente, dejen que el gran poder de Cristo les dé las fuerzas necesarias.
Efesios 6.10

Cuando Dios creó al hombre, tomó del barro de la tierra y con sus manos lo formó, soplando después sobre él aliento de vida. Cuando creó a la mujer, durmió a Adán y le sacó una costilla, y de allí hizo a la mujer. La palabra hueso del texto bíblico anterior, que se usa en el idioma hebreo es etsem, quiere decir estructura, fuerza, sustancia y vida. O sea que la mujer es tan fuerte como un hueso.

En efecto, Dios dio a la mujer una fortaleza asombrosa que no se refiere a fuerza física, sino a fuerza de carácter y a fortaleza emocional, que le ayuda a desarrollar sus funciones en las diferentes áreas del hogar, del trabajo y del ministerio, de manera excelente; que la anima para atravesar las tormentas y salir adelante en tiempos de dificultad y para asumir responsabilidades que quizá no le corresponden. Una fortaleza que le ayuda a defender, cuidar y proteger a sus hijos, respaldar a su esposo y cuidar del hogar como nadie más podría hacerlo; que la mantiene firme ante los embates de la adversidad, y con la cual puede ayudar y levantar a los que flaquean y caen. Una fortaleza sin igual, que la lleva a persistir en alcanzar sus metas, aun cuando las circunstancias no sean favorables.

No hay duda, la fortaleza de carácter es un regalo de Dios. Pero existe una fortaleza aún mayor a la que Dios nos ha dado, que es inquebrantable, inagotable y permanente. Es la fortaleza de Dios mismo, que está disponible para todos los que le rindamos nuestra vida por entero y confiemos que él es nuestra verdadera fuerza y sustento.

Aprovecha la fortaleza con la que Dios te diseñó para seguir adelante, para perseverar en oración y batallar por ti y por los que Dios te ha dado. Pero recuerda que tu máxima fortaleza la encuentras cuando acudes a Dios y le dices:

mi fortaleza está en ti, Señor.

Sabiduría para bendecir y administrar

Es mujer de carácter, mantiene su dignidad y enfrenta confiada el futuro. Siempre habla con sabiduría y enseña a sus hijos con amor. Siempre está pendiente de su casa y de que todo marche bien. Cuando come pan es porque se lo ha ganado. Sus hijos la felicitan; su esposo la alaba y le dice:
Mujeres buenas hay muchas pero tú las superas a todas.

Proverbios 31.25-29

Todo el que quiera ser sabio, debe empezar por obedecer a Dios.

Proverbios 1.7a

El último capítulo del libro de Proverbios cierra con un reconocimiento a la mujer que demuestra sabiduría en las diferentes áreas de su vida; el texto está escrito en tiempo presente, entonces nos referimos a ella como una mujer actual. Allí se nos cuenta del carácter de esta mujer, de su bondad, amor, fe y creatividad. Nos enseña todo lo que esa mujer alcanza desde su propio hogar, sin descuidar ningún área de su vida. Gracias a su sabiduría, ella hace feliz a su familia y trae prosperidad al hogar. Pero, ¿cuál es la fuente de su sabiduría? Es la profundidad en su obediencia, amor, honra, y adoración a Dios, en quien ha puesto su confianza. Su familia es importante, sus negocios también, pero el número uno en su vida es Dios.

Miremos la sabiduría con que esta mujer construye su hogar, con sencillez, amor y efectividad:

- **Para edificar su casa**

En todo lo que esta mujer hace por los suyos, no hay una sola nota disonante de amargura, por el contrario,

> *Se levanta muy temprano,*
> *y da de comer a sus hijos*
> *y asigna tareas a sus sirvientas...*
> *No le preocupa que haga frío, pues todos en*
> *su casa andan siempre bien abrigados.*
>
> *Proverbios 31.15, 21*

un profundo gozo. Su esposo e hijos son su gran tesoro y así mismo los cuida, y se entrega por completo a ellos.

- **Para aprovechar sus talentos , capacidades y habilidades**

> *Sale a comprar lana y lino, y con sus*
> *propias manos trabaja con alegría.*
> *Ella fabrica su propia ropa y siempre*
> *ayuda a los pobres.*
> *Toma telas de lino y de púrpura, y ella*
> *misma hace colchas y vestidos.*
> *La ropa y los cinturones que ella misma*
> *fabrica los vende a los comerciantes.*
>
> *Proverbios 31.13, 19, 22, 24*

Se convierte en microempresaria con lo que ella sabe hacer, y usa sus talentos. La fama de la ropa que elabora se extiende y los comerciantes le compran. Lo que quizá parecía poco, se multiplica en sus manos. Además, es generosa y comparte su bendición con los necesitados.

- **Para administrar con éxito**

> *Calcula el precio de un campo; con sus*
> *ganancias lo compra, planta un viñedo, y en él*
> *trabaja de sol a sol. Ella misma se asegura de*
> *que el negocio marche bien; toda la noche hay*
> *luz en su casa, pues toda la noche trabaja.*
> *Proverbios 31.16, 18*

Esta mujer no sólo tiene visión y es laboriosa y productiva, sino que también es buena administradora del dinero.

- **Para bendecir y ser misericordiosa**

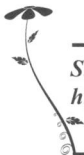

Siempre habla con sabiduría, y enseña a sus hijos con amor.

Proverbios 31.26

Este texto se expresa también: *Abre su boca con sabiduría, y la ley de clemencia está en su boca (RVR 60).* Sus palabras de misericordia muestran la condición de su corazón y sus sentimientos hacia los demás. Hay una profunda misericordia que se expresa bendiciendo, edificando y consolando.

¿Quieres ser una mujer sabia? Crece en tu relación con Dios; aprende a conocer su voluntad a través de la oración y del conocimiento de la Biblia, y obedécele. Ponlo a él en el primer lugar de tu vida y entonces, vivirás con verdadera sabiduría.

Dones para ser buena amiga

> *El amigo siempre es amigo, y en tiempos difíciles es más que un hermano.*
>
> *Proverbios 17.17*

El escritor de estos Proverbios describe el valor de un amigo al compararlo con un hermano. Un amigo o amiga es alguien que nos ama sinceramente, está con nosotros en los momentos buenos y en los difíciles y nos ayuda a ser mejores personas.

Para Dios mismo la amistad es de un valor incalculable, él desea que seamos buenos amigos y amigas y que nos acerquemos con confianza y nos relacionemos con él como lo hacemos con los mejores amigos. El Señor Jesús demostró ser un buen amigo de su Padre Dios y de las personas que compartieron con él. En sus mensajes dejó claro la importancia de la amistad; a quienes le seguían los llamó sus amigos.

Dios nos creó para relacionarnos en forma vertical con él y luego, en forma horizontal los unos con los otros. Y a la mujer en especial, le dio dones naturales que le ayudan a ser buena amiga, como lo son la habilidad para comunicarse y relacionarse, así como un corazón sensible y compasivo. La mujer puede abrir el corazón, llorar, reír y soñar con sus amigas o amigos, con una facilidad asombrosa.

En la Biblia se narran historias de mujeres que supieron ser amigas fieles, solidarias, consejeras y ayudadoras. Entre ellas están Rut y Noemí y María e Isabel. Veamos qué podemos aprender de estas últimas.

• María e Isabel: amistad que alienta y levanta

dijo en voz alta a María:

—¡Dios te ha bendecido más que a todas las mujeres! Y también ha bendecido al hijo que tendrás.

Lucas 1.42

En la Biblia encontramos este cuadro hermoso de amistad entre dos mujeres: María, la madre de Jesús e Isabel o Elizabeth, la madre de Juan el Bautista. Cuando María estaba embarazada, fue a buscar a Isabel y encontró en ella, guía, consejo sabio y paz. Los brazos de Elizabeth la sostuvieron y la fortalecieron y las palabras que le expresó a María, tan pronto como la vio, le confirmaron una vez más, que ella era la elegida de Dios para traer el Salvador al mundo.

Dios te ha dado la capacidad para relacionarte, ser compasiva y sensible. Estos dones naturales te ayudan a ser una buena amiga; es tu responsabilidad cuidar a tus amigos y amigas y estar a su lado cuando te necesiten. La amistad es como una semilla que se siembra; para que dé flores, fruto y fragancia, tienes que regarla, abonarla y cuidarla. Y recuerda, la primera amistad que debes cultivar es con quien más te ama y quiere tu bienestar: Dios.

Poder para influir

Y (Débora) acostumbraba sentarse bajo una palmera, conocida como la palmera de Débora, que estaba en las montañas de la tribu de Efraín, entre Ramá y Betel. Los israelitas iban a verla para que les solucionara sus problemas.

Jueces 4.5

Dios le dio a la mujer un gran poder de influencia en todas las áreas de su vida, ya sea como hija, hermana, esposa, madre, o amiga. En cualquier medio en el que se desenvuelva, la mujer tiene el poder para influir, para bien o para mal.

En la Biblia se mencionan varias mujeres que influyeron de manera poderosa en otros, una de ellas es Débora, una sencilla mujer de hogar y esposa, pero fue la única mujer gobernante del tiempo de los jueces. Ella se ganó el respeto en toda la nación, tanto hombres como mujeres reconocieron y aceptaron su autoridad. Dios le dio el poder para influir de manera tal, que llegó a ser una líder muy importante que supo dirigir un país en caos, violencia y anarquía, derrumbado espiritual y socialmente. Ese reconocimiento de su liderazgo no habría sido posible si antes no se hubiera ganado el respeto y la confianza de los de su propia casa. Que Débora llegara a tener influencia nacional, fue el fruto de la influencia que ejerció en su familia, como esposa de Lapidot.

Pero ¿cómo llegó Débora a ocupar tan alta posición a nivel nacional? ¿Por qué Dios la respaldó? Estas son algunas de sus actitudes: Ella no se negó al llamado de Dios, no lo cuestionó, solamente obedeció; reconoció y usó los dones que Dios le había dado, para bendecir a su nación. Su vida de comunión con Dios, la llevó a levantar una voz profética genuina, para dirigir a Israel; amó apasionadamente a su nación y se apropió de su dolor. Débora actuó con sabiduría, prudencia y valentía, para ir a la guerra con Barac, el capitán del ejército de Israel.

Con la ayuda de Dios, Débora llevó a la nación a la victoria, sus enemigos fueron derrotados, e Israel tuvo paz por cuarenta años.

en en cuenta:

> **Dios también te ha dado a ti poder para influir en la vida de quienes te rodean; usa ese poder para que ellos conozcan a Dios, para guiarlos por el camino correcto y para que sus decisiones sean conforme a lo que Dios desea. Usa también tu poder para cambiar situaciones que sean incorrectas, injustas o inaceptables a los ojos de Dios.**

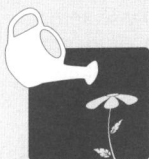

¿Cómo puedes aprovechar tus dones y talentos?

Recuerda que Dios le dio a la mujer dones y talentos naturales. Aprópiate de estos y pídele a Dios que te ayude a ponerlos al servicio de los demás.

- ¿Cuáles son las cosas que más disfrutas hacer, en las que podrías invertir mucho tiempo? Eso te indica qué dones y talentos te ha dado Dios; pídele que te ayude a ver cómo puedes utilizarlos. Luego, responde al llamado de Dios. Débora sabía que no iba a ser fácil, pero ella se levantó y actuó.

- Pídele al Señor que él te muestre los talentos que están en ti, pero que tú no puedes ver. Eliseo, el profeta, fue por orden de Dios a la casa de una mujer viuda. Al llegar le preguntó: ¿Qué tienes en casa? Ella respondió: lo único que tengo es una jarra de aceite. Para Dios, esa sencilla jarra de aceite fue el elemento a través del cual él multiplicó la bendición, hasta hacer sobreabundar en bienes a la viuda. Dios puede hacer prosperar lo que tienes en tus manos, hasta hacerlo sobreabundar para bendición de quien lo necesite.

- Si quieres ser una mujer de influencia debes usar lo que Dios te ha dado, para bendecir a otros. Sólo en la medida en que utilices tus dones, se multiplicarán.

- Agradécele por todo lo que te ha dado y por el potencial que tienes. Si lo deseas, dile estas palabras:

Padre Celestial, estoy maravillada con los dones y talentos con que tú me creaste como mujer. Dame sabiduría para saber usar todo lo que me has dado, y el amor tuyo, para bendecir a otros.

Quiero pedirte sabiduría, para producir cambios en las vidas que me permitas tocar. Ayúdame a dejar la huella de tu amor, sirviendo y bendiciendo a todos los que necesiten de ti. AMÉN.

5. Honra a tus padres

Obedezcan y cuiden
a su padre y a su madre,
así les irá bien,
y podrán vivir muchos años
en la tierra.

Efesios 6.2-3

Dios nos da a conocer en su Palabra lineamientos o mandamientos para que vivamos conforme a su propósito. En la medida en que creamos en Dios y en su Palabra, y de corazón tomemos la decisión de tenerla como nuestra guía y obedecerla, veremos buenos resultados como bienestar y prosperidad en lo que hagamos. De no hacerlo, tendremos que asumir las consecuencias por nuestras decisiones erradas.

Entre los mandamientos, está honrar a los padres, que se relaciona con respetar, valorar, amar, cuidar y obedecer a quienes nos dieron la vida. La Palabra de Dios nos enseña que quien honra a sus padres le irá bien y tendrá una larga vida, por esto se dice que es el primer mandamiento que lleva consigo una promesa.

Pero más allá de cumplir, lo que Dios desea es que nuestro actuar siempre sea motivado por el amor. Y, qué buena oportunidad tenemos para demostrar nuestra gratitud y amor a nuestros padres.

En la Biblia encontramos historias y enseñanzas relacionadas con la honra a los padres. Jesús obedeció a sus padres terrenales y los honró, y nos dejó el modelo de lo que es la verdadera honra hacia Dios Padre.

En este capítulo tomaremos como ejemplo a Rut, una mujer que honró a su suegra, y de esta manera superó el mandamiento, ya que no lo hizo por obligación sino por amor, pues a quien honró no era su verdadera madre.

Si tú tienes el privilegio de tener a tus padres, reflexiona profundamente en las enseñanzas de este capítulo; no importa si vives o no con ellos, ellos merecen que tú los honres. Si no están vivos, que sea esta una oportunidad para darle gracias a Dios por ellos, recordar lo bueno que te dejaron y de esta manera, honrar su memoria.

Cuidar a los padres trae recompensa

> *Booz le contestó:*
> *—Ya me han contado todo lo que has hecho*
> *por tu suegra, después de que murió tu*
> *esposo. Sé que dejaste a tu familia y tu país*
> *para venir a vivir con nosotros, que somos*
> *gente totalmente desconocida para ti. ¡Que*
> *Dios te premie por todo lo que has hecho!*
> *¡Que el Dios de Israel, en quien ahora buscas*
> *protección, te haga mucho bien!*
>
> *Rut 2.11-12*

> *Presta atención a tus padres pues ellos te*
> *dieron la vida;*
> *y cuando lleguen a viejos,*
> *no los abandones.*
>
> *Proverbios 23.22*

Rut era una mujer moabita, que se casó con uno de los dos hijos de Noemí, que era israelita. Con el tiempo, tanto Noemí como Rut quedaron viudas y pobres con todo el conflicto que, en aquella época, significaba eso para una mujer.

Cuando Noemí decidió volver a Belén, Rut su nuera, la siguió sin abandonarla e hizo un pacto de fidelidad con ella: *No me pidas que te deje, ni me ruegues que te abandone. A donde tú vayas iré, y donde tú vivas viviré. Tu pueblo será mi pueblo y tu Dios será mi Dios. Donde tú mueras moriré, y allí mismo seré enterrada. Que Dios me castigue si te abandono, pues nada podrá separarnos; ¡nada, ni siquiera la muerte!"* (Rut 1.16- 17).

Así, Rut y Noemí llegaron a un campo de trigo que era propiedad de un hombre llamado Booz, él bendijo con sus palabras a Rut y pidió a Dios que le hiciera mucho bien a ella, en recompensa por todo lo que había hecho por su suegra Noemí. Rut fue un gran apoyo para Noemí, se convirtió en una hija, cuidó de ella con amor y dedicación y Dios la recompensó más allá de sus expectativas.

¡Qué gran privilegio es cuidar a los padres cuando ellos te necesitan! Y no dejar pasar ninguna oportunidad para demostrarles tu amor y gratitud.

Obedecer a los padres trae bendición

Un día, Noemí habló con Rut, su nuera:
—Hija mía, me siento obligada a buscarte esposo.
Quiero que tengas tu propio hogar y que vivas
feliz. ¿Recuerdas lo que te dije acerca de Booz, el
dueño del campo donde has estado trabajando? Él
es de la misma familia de mi esposo. Escucha bien
esto que te voy a decir: Esta noche él va a estar en
su campo, separando el grano de la paja. Báñate,
perfúmate y ponte tu mejor vestido. Ve al campo
donde está Booz trabajando, pero no lo dejes
que te vea hasta que termine de comer y beber.
Fíjate bien dónde va a acostarse. Cuando ya esté
dormido, ve y acuéstate a su lado. Así él sabrá que
tú le estás pidiendo su protección, y él mismo te
dirá lo que debes hacer.
Rut le respondió a su suegra:
—Haré todo lo que tú me mandas.
Rut se fue al campo e hizo exactamente lo que
Noemí le había mandado.

Rut 3.1-6

La sabiduría de Noemí no fue menospreciada por Rut, ella atendió cada palabra y la obedeció al pie de la letra. Rut no argumentó nada, no dio su propia opinión, sólo confiaba en el buen consejo y dirección de su suegra. Por su parte, Noemí tenía la visión de un futuro bendecido para su joven nuera, que ahora era como su hija.

Obedecer a Noemí le trajo a Rut la bendición más grande que hubiera podido soñar. Por su experiencia y por el amor que tienen por sus hijos, los padres son las personas más indicados para aconsejarles.

No importa la edad que tengas,
si tienes a tus padres no dudes en
obedecerles, pídele a Dios que te dé
su amor y humildad para hacerlo,
¡verás que vale la pena hacerlo!

Ayudar a los padres trae retribución

Rut estuvo recogiendo espigas hasta que empezó a oscurecer. Cuando separó el grano de las espigas, se dio cuenta de que había recogido más de veinte kilos de cebada. 18†Tomó la cebada y regresó a Belén para mostrarle a su suegra todo lo que había recogido ese día. También le dio a Noemí la comida que le había quedado...

Rut 2.17-18

La situación de Noemí era de extrema pobreza; como ella misma dijo: yo me fui llena pero he vuelto vacía. Como viuda, todavía le quedaba las tierras de su marido, pero conforme a la costumbre de su época, necesitaba de un hombre que las redimiera. Rut trabajó duro, desde la mañana hasta la noche, para llevar provisión y sustento a su suegra. Recogió la cebada y le llevó a su suegra aun de lo que Booz le dio en la mesa.

La historia de estas dos mujeres es hermosa y ejemplar. La recompensa para Rut no se hizo esperar. Dios fue fiel, le dio como esposo a Booz, que era el dueño del campo que ella había estado espigando. Comenzó recogiendo lo que por ley de Dios le pertenecía a los pobres, pero terminó siendo la esposa de Booz y la dueña del campo.

No pierdas ninguna oportunidad para ayudar a tus padres; puede ser que no requieran mayores esfuerzos de ti, pero para ellos es muy importante que tú, como su hija, les demuestres su amor, aun en los pequeños detalles.

Amar a los padres trae vida

Al poco tiempo Booz se casó con Rut y Dios permitió que ella quedara embarazada. Cuando nació el niño, las mujeres de Belén le decían a Noemí: Bendito sea Dios que hoy te ha dado un nieto para que cuide de ti. Dios quiera que cuando el niño crezca llegue a ser muy famoso en todo Israel. Él te hará muy feliz y te cuidará en tu vejez, porque es hijo de tu nuera Rut. Ella vale más que siete hijos, porque te ama mucho y ha sido muy buena contigo.

Rut 4.13-15

R ut no pudo tener hijos en su primer matrimonio. Cuando se casó con Booz, Dios les concedió un hijo, a quien llamaron Obed. Él trajo profundo gozo a la familia y fue instrumento de restauración de todos los años de esterilidad y luto que estas mujeres vivieron. Las había unido el dolor de la muerte, pero ahora estaban unidas por el gozo de la vida.

Dios recompensó cada acto de amor y honra que Rut tuvo para con su suegra. Fue así que le permitió, no siendo hebrea, sino moabita, quedar injertada en la línea genealógica de Jesucristo, el Mesías. Como lo expresa Mateo 1.5-6: Salomón engendró de Rahab, y Rahab a Booz, este engendró de Rut a Obed y Obed a Isaí, quien engendró a David, de donde vino el Mesías.

Nada de lo que hizo Rut fue motivado por la recompensa; de haber sido así, la historia sería otra. Lo hizo con profundo amor de hija, disfrutó hacerlo, y vio el fruto.

Dios promete bendecirte si honras a tus padres, y él cumple sus promesas.

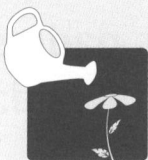

¿Cómo puedes honrar a tus padres?

Recuerda a Dios como tu Padre Celestial, y a él es al primero que debes honrar. Exprésale tu amor, obedécele, estudia su Palabra. Que toda tu vida sea la expresión de tu amor y adoración hacia él.

🌿 Recuerda que honrar a los padres es el primer mandamiento que tiene una promesa: la de tener una larga vida. Honrar a tus padres trae bendición, retribución y vida para ti.

🌿 Bendice a tus padres en todo tiempo, escúchalos, ayúdalos, demuéstrales que ellos son parte importante de tu vida, dedícales tiempo para acompañarlos. Pero sobre todo, hónralos en la ancianidad, cuando sus fuerzas y su salud se debiliten y necesiten de ti mucho más. Ten en cuenta lo que nos enseña el sabio proverbio: *Presta atención a tus padres, pues ellos te dieron la vida, y cuando lleguen a viejos, no los abandones. (Proverbios 23.22).*

🌿 Toma la decisión de perdonarlos si tienes algo contra ellos. No olvides que todos los seres humanos estamos llenos de defectos y que el único perfecto es Dios. Ten presente que Dios, tu Padre Celestial, te perdonó y te hizo libre a ti.

🌿 Escucha sus consejos sabios y aplica lo que nos enseña la Biblia: *...atiende a tu padre cuando te llame la atención, y muestra respeto cuando tu madre te enseñe. Sus enseñanzas te adornarán como una corona en la cabeza, como un collar en el cuello. (Proverbios 1.8-9)* Ellos han adquirido sabiduría a través de los años y con certeza y autoridad, pueden dar consejo y luz a tu vida.

🌿 Busca a Dios y habla con él. Pídele que te ayude a recordar las cosas buenas que has recibido de tus padres y también que puedas perdonar y olvidar sus faltas y que te guíe para honrarlos siempre.

Recuerda que un día podrías ser madre, si no es que ya lo eres, y que recoges todo lo que siembras; las acciones que tengas hoy con tus padres, buenas o malas, podrías recibirlas mañana de tus hijos. Siembra en tu familia bendiciones para que en el futuro coseches de ellos lo mejor para tu vida.

Padre Celestial, te doy muchas gracias por los padres que me diste y porque a través de ellos me diste la vida.

De todo corazón quiero honrarlos, como tu Hijo te honró aquí en la tierra. Pido tu ayuda para amarlos, respetarlos, y ayudarlos en todo lo que esté al alcance de mi mano. Que mi corazón sea sensible a sus necesidades físicas, emocionales y materiales. Que cuando sus fuerzas mengüen, yo pueda sostenerlos con las mías y hacer que sus días sean brillantes y alegres, y sepan que no han vivido en vano. Gracias Señor. AMÉN.

6. Sé ayuda para tu esposo

No está bien que el hombre esté solo. Voy a hacerle a alguien que lo acompañe y lo ayude.
Génesis 2.18

Ya casi estaba todo listo en el proceso de la creación; los cielos, la tierra, la naturaleza y el hombre, sólo faltaba la mujer. Entonces Dios dijo: le haré a Adán una compañera que lo ayude y lo acompañe. En la versión Reina Valera de la Biblia, se describe a esta mujer como la ayuda idónea para el hombre, esto es, la ayuda apta y apropiada.

En el texto bíblico hebreo se usaron dos palabras para describir la ayuda a la que se refería Dios cuando creó a la mujer: EZER KENEGDO.

EZER significa ayuda. Es la misma palabra que se usa veinte veces en la Biblia, para describir la ayuda de Dios al hombre en momentos de suprema desesperación. El rey David exclamó en dos de sus cánticos de angustia: *Mi Señor y Dios, ¡Escúchame y tenme compasión! ¡No me niegues tu (Ezer) ayuda! (Salmo 30.10).* EZER, tiene también los significados de rodear, proteger, defender y cubrir.

KENEGDO significa igualdad, alguien de igual naturaleza, con quien pueda entrar en diálogo de tú a tú. Al crear a la mujer, Dios quiso darle al hombre alguien igual a él, de su misma importancia y valor.

Estas palabras hebreas tienen un profundo significado que nos permiten reflexionar acerca del inmenso valor y propósito con que Dios creó a la mujer, en cuanto a ser esposa.

Si eres soltera y deseas casarte, pídele a Dios que te dé un esposo al que puedas amar y ayudar. Si eres casada, profundiza en el propósito para el cual Dios te permitió ser esposa: un canal de bendición para la vida de tu esposo, un complemento perfecto y único de ayuda para él.

Esposa extraordinaria

> *Qué difícil es hallar una esposa extraordinaria.*
> *Hallarla es como encontrar una joya valiosa.*
>
> *Proverbios 31.10*

L a Biblia compara a una esposa extraordinaria con una joya valiosa. ¡De cuánto valor resulta una buena esposa! Cualquier hombre anhela tener una esposa así.

También dice la Biblia que el hombre que se casa con una esposa extraordinaria, puede darle toda su confianza (Proverbios 31.11) y así es, el corazón del esposo que tiene una buena esposa, está confiado en ella, confía en que ella administra bien los recursos del hogar, confía en que ella cuida adecuadamente a los hijos, mantiene todo en orden, en fin, él confía en que ella sabe cuidar y proteger lo más preciado para él; su casa y su familia. Esta confianza da descanso al hombre, le anima y renueva sus fuerzas para seguir adelante luchando por los suyos, le llena de paz y de alegría. Una buena esposa, una esposa extraordinaria, es un remanso de paz para el hombre que se enfrenta todos los días a situaciones difíciles y a presiones en la calle y en el trabajo. Una esposa extraordinaria consuela a su esposo, lo anima y fortalece cuando éste fracasa, lo ama, lo admira, lo respeta, y lo cuida, por eso, es de tanta estima y valor para él.

Tú puedes ser una esposa extraordinaria, pide a Dios que te ayude a lograrlo, que te dé la gracia y la sabiduría para que tus prioridades sean tu esposo, tus hijos y tu hogar y ámalos como tu más grande y valioso tesoro.

Edificar el hogar

Edificar un matrimonio sólido y estable no es tarea fácil. Es una obra que dura toda la vida, y que nos permite ver y disfrutar los resultados a medida que avanzamos. No hay duda; la mujer es de vital importancia en la construcción del hogar y de la familia.

Como dice el Proverbio, la mujer sabia edifica su casa; ya vimos algo de esto en el capítulo 4. Si crees que te falta sabiduría para ayudar a tu esposo, para guiar a tus hijos y para administrar tu casa, pídela a Dios porque él es la fuente de toda sabiduría: "*Y si alguno de ustedes no tienen sabiduría, pídasela a Dios. él la da a todos en abundancia…" (Santiago 1.5)*. La Biblia es un perfecto manual de sabiduría, en ella encuentras tesoros que te ayudan a aplicar principios y valores cristianos en tu vida familiar diaria, obteniendo resultados sorprendentes.

La mujer que actúa con la sabiduría que viene de Dios, manifiesta actitudes de su corazón, que contribuyen todo el tiempo a edificar su hogar:

- Es prudente, sabe cuando callar y cuando hablar.
- Entiende que hay un tiempo para todas las cosas.
- Busca el diálogo sin ofensas.
- Dice siempre la verdad en amor.
- No condena, y por el contrario perdona, anima y ayuda a seguir adelante.
- No recuerda, a cada instante, las ofensas pasadas sino que cubre las faltas con amor.

- Tiene el tiempo para recorrer la "milla extra".
- Sabe alegrarse cuando hay abundancia y cuando hay escasez.
- Nunca pierde la serenidad ni la fe.
- Tiene la gracia para ver la solución y no para concentrarse en el problema.
- Está llena de virtud, y una mujer virtuosa es una "corona" para su marido.

Recuerda: si quieres tener un hogar de bendición para ti, para tu esposo y para tus hijos, pide a Dios cada día que te llene de su sabiduría. Empieza desde ahora a practicar, en la relación con tu esposo e hijos, las actitudes propias de un corazón sabio. Si no eres casada, de igual manera busca la sabiduría de Dios para tu vida, y podrás ser de bendición y consuelo para tantos que lo necesitan.

Amar al esposo

El que ama tiene paciencia en todo, y siempre es amable.
El que ama no es envidioso, ni se cree más que nadie.
No es orgulloso.
No es grosero ni egoísta.
No se enoja por cualquier cosa.
No se pasa la vida recordando lo malo que otros le han hecho.
No aplaude a los malvados, sino a los que hablan con la verdad.
El que ama es capaz de aguantarlo todo, de creerlo todo, de esperarlo todo, de soportarlo todo.
Sólo el amor vive para siempre. Llegará el día en que ya nadie hable de parte de Dios, ni se hable en idiomas extraños, ni sea necesario conocer los planes secretos de Dios.

1 Corintios 13.4-8

...Y enseñarles a amar a sus esposos e hijos.
Tito 2.4

En el griego existían, entre otras, dos palabras para referirse al amor: el amor *Eros* y el amor *Fileo*. *Eros*, se refiere a un amor que no va más allá de lo estrictamente erótico entre parejas o personas de diferentes sexos. *Fileo* hace referencia al amor filial, de los padres a los hijos, de personas que tienen algún lazo de consanguinidad.

Pero cuando vino Jesucristo y enseñó como es el amor de Dios por los hombres, ese amor tan maravilloso no cabía dentro de la descripción del amor *Eros* ni *Fileo*. Por eso surgió *Ágape*: el amor de Dios desinteresado que no busca recibir nada a cambio y que está dispuesto a darlo todo. Es el amor del que habló Jesús: *Dios amó tanto a la gente de este mundo, que me entregó a mí, que soy su único Hijo, para que todo el que crea en mí no muera, sino que tenga vida eterna. (Juan 3.16).*

El apóstol Pablo describe con detalle el amor *Ágape*, en su carta a los Corintios. Este es un amor sacrificial que cuesta mucho, porque nos lleva a dejar nuestro orgullo y, aun si es necesario, a renunciar a nuestros derechos, para hacernos generosos, dadivosos y humildes.

El amor *Ágape* es el que debe sobresalir en tu matrimonio; si de verdad deseas esta clase de amor, mantén una relación íntima con Dios de manera que cada día tengas más de él en tu vida: su amor te llenará tanto que aun sin proponértelo, alcanzará a tu esposo y a tu familia.

Respetar al esposo

... Y la esposa debe respetar a su esposo...
Efesios 5.33

El respeto es esencial para el buen funcionamiento de las relaciones familiares, una relación basada en el respeto será una relación sólida y estable.

Para que un matrimonio sea exitoso, el respeto debe darse en todas las áreas de la relación de la pareja. La esposa debe respetar el liderazgo del esposo como cabeza del hogar, su manera de pensar, de sentir, y también las diferencias que existan entre los dos. Cuando sea necesario hacerle ver alguna falta, el amor y el respeto serán la clave para que el mensaje le llegue al corazón y surja el efecto deseado.

Es verdad que el esposo y la esposa son mutuo complemento y por tanto diferentes, pero también es verdad que la meta más sagrada y maravillosa del matrimonio es que los esposos lleguen a ser una sola carne (uno en espíritu, alma y cuerpo).

Si estás decidida a respetar a tu esposo y también a ser tratada con respeto, procura tener una comunicación abierta, un corazón sincero y un espíritu noble, que reconozca cuando se han traspasado los límites del respeto y lo has ofendido.

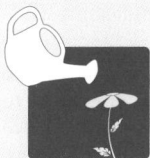

¿Cómo puedes ser una esposa extraordinaria?

Recuerda que tu principal propósito como esposa, es ser el complemento y ayuda ideal para tu esposo. Toma la decisión de amarlo como Dios te ama, de respetarlo y de ser una mujer que edifique el hogar.

🍂 Pide a Dios que te ayude a ser un canal de bendición en la vida de tu esposo: *Si Dios no construye la casa, de nada sirve que se esfuercen los constructores... (Salmo 127.1).* El matrimonio es un estado maravilloso, pero también difícil. Para edificar un matrimonio no sólo se necesita un hombre y una mujer, sino la ayuda de Dios. Él debe ser el arquitecto que te dirija en cada paso de esa construcción, él te enseñará cómo poner cada ladrillo de amor y servicio, y te animará cuando te sientas desfallecer.

🍂 No mires los fracasos, sólo concéntrate en la meta final: *...yo sé muy bien que todavía no he alcanzado la meta, pero he decidido no fijarme en lo que ya he recorrido, sino que ahora me concentro en lo que me falta por recorrer. (Filipenses 3.13)* En este texto, el apóstol Pablo explica que la clave para alcanzar la meta es dejar de mirar aquello que ya pasó, lo que quedó atrás. Tus ojos deben estar puestos en la meta que Dios quiere que alcances en tu matrimonio. Una de las cosas que causan mayor desánimo y frustración, es quedarnos mirando los errores cometidos y los fracasos que hemos tenido mientras edificamos la vida matrimonial. Tienes que levantarte y seguir adelante, para alcanzar cada día un nivel más alto y un mayor grado de solidez en tu matrimonio. Tu mirada debe estar puesta en la meta, en los sueños de un matrimonio estable y duradero, y en ser esa esposa que siempre trae honra y bendición a su esposo.

❧ Trabaja para que la rutina no afecte la relación con tu esposo. Proponte a ser detallista, a demostrarle tu amor con palabras y con acciones y a mantener viva la emoción diaria de vivir con el hombre que amas.

❧ Habla con Dios y dale gracias por tu esposo. Cuéntale las necesidades y dificultades que estén pasando y ten fe que Dios se interesa por ustedes y les ayudará a salir adelante. Dile estas palabras:

Mí amado Señor, ayúdame a caminar en la sabiduría que viene de ti, para edificar con amor y respeto mi matrimonio, mi hogar y mi familia. Anhelo con todo mi corazón, que mi esposo se sienta el hombre más feliz de la tierra y que nuestro matrimonio sea un ejemplo para nuestros hijos y los demás. Que tu luz brille en nuestro hogar y cada día podamos ser fortalecidos en tu amor. AMÉN

7. Sé una madre ejemplar

Dios mío,
tú fuiste quien me formó
en el vientre de mi madre.
Tú fuiste quien formó
cada parte de mi cuerpo.

Salmo 139. 13

La Biblia nos enseña que cuando una mujer está encinta, Dios mismo está formando un niño, de manera formidable y maravillosa. Ese bebé en el vientre de la madre es sujeto y objeto del amor y del interés de Dios. Por eso, Dios mismo diseñó el cuerpo de la mujer diferente al del hombre; fuiste diseñada muy especialmente para la maternidad.

Después de la concepción, el vientre de una madre se convierte en la habitación de la criatura. Ese vientre está rodeado de un líquido especial que protege la vida del bebé de golpes y vibraciones fuertes. En el vientre de la madre, el bebé tiene libertad de moverse y así desarrollar sus huesitos y músculos, al igual que sus pulmones. Allí el bebé mantiene la temperatura adecuada para su crecimiento, sin importar cómo esté el clima afuera. Por medio del cordón umbilical, el bebé recibe el alimento de su madre, y allí permanece aproximadamente durante cuarenta semanas, hasta el día de su nacimiento.

Durante esas cuarenta semanas, se forma un vínculo íntimo y muy fuerte entre madre e hijo; cada palpitar del corazón de la madre lo siente el niño, y cada movimiento suyo lo siente la madre. Cualquier estado de ánimo de la madre, es transmitido inmediatamente al bebé. Así sucedió cuando María, que llevaba en su vientre a Jesús, el Salvador del mundo, fue a visitar a Isabel su pariente, que estaba embarazada de Juan el Bautista, y exclamó; *Tan pronto como oí tu saludo (el de María), el bebé saltó de alegría dentro de mí. (Lucas 1. 41 ,44)* .

El cuerpo de la mujer también fue diseñado con pechos para alimentar a su hijo después del nacimiento, y así continuar el cuidado de amor, mientras él crece y se desarrolla. La labor de una madre dura prácticamente toda su vida, pues continúa apoyando, formando e influyendo en la vida de sus hijos.

En este capítulo reflexionaremos acerca de las importantes labores de una madre, como lo son instruir, orar por sus hijos y dejarles un legado de fe. Esperamos que encuentres inspiración y consejos sabios que te ayuden en la tarea más maravillosa que Dios dio a la mujer: ser madre.

Instruir y direccionar

> *Oye, hijo mío la instrucción de tu padre,*
> *y no desprecies la dirección de tu madre;*
> *porque adorno de gracia serán a tu cabeza*
> *y collares a tu cuello.*
>
> *Proverbios 1.8*

> *Querido jovencito,*
> *Cumple al pie de la letra con los*
> *mandamientos de tu padre*
> *Y con las enseñanzas de tu madre.*
> *Grábatelos en la memoria y tenlos*
> *siempre presentes; te mostrarán*
> *el camino a seguir, velarán tu sueño mientras*
> *duermes y hablarán contigo*
> *cuando despiertes.*
>
> *Proverbios 6.20-22*

El tiempo que una madre pasa con sus hijos es generalmente mayor al tiempo que el padre puede tener con ellos. La madre tiene la gran oportunidad de sembrar en sus hijos, desde que son bebés, principios y valores cristianos, y desarrollar en ellos fe y relación con Dios. Una madre tiene el gran privilegio de ayudar a formar el carácter de sus hijos, de enseñarles, corregirlos e instruirlos, aprovechando cada momento que están a su lado, desde que nacen y mientras crecen.

Por todo lo anterior, es que es tan importante que las madres conozcan la instrucción de Dios que está contenida en la Biblia; allí encuentran todas las enseñanzas de vida que deben depositar en los corazón de sus pequeñitos, para que los vean crecer en bendición, dando honra a sus padres y sirviendo a la sociedad como hijos e hijas de Dios.

Es muy interesante meditar en las palabras que usa el escritor de Proverbios cuando habla de la enseñanza y anima a los hijos para que la graben en la memoria. Esto sólo podrá darse cuando la enseñanza se repite continuamente, con las palabras y con la vida, de tal modo que penetre el corazón del muchacho y éste pueda atesorarla en su propia vida. Esa instrucción los guiará en su diario caminar; por eso, la instrucción de una madre a su hijo es tan importante. La formación y enseñanza en la vida de los hijos, tiene que ser la mayor prioridad de una madre.

Querida mujer: la instrucción requiere tiempo y paciencia, y coherencia entre lo que les enseñas a tus hijos y lo que vives, ellos harán justamente lo que te vean hacer. Cada enseñanza, por pequeña que sea, tiene que ir respaldada de una vida de testimonio; de ahí la importancia que tu vida refleje a tu Dios.

Interceder ante Dios

> *Y Ana le dijo: "Señor mío, hace tiempo yo estuve aquí, orando a Dios. Yo le pedí este niño, y él me lo concedió. Por eso ahora se lo entrego, para que le sirva todos los días de su vida". Y todos ellos adoraron a Dios.*
>
> *1 Samuel 1.26-28*

Estas palabras las dijo Ana, una mujer estéril que anhelaba tener un hijo; y Dios se lo concedió. Pero Ana también entendía la necesidad tan grande que tenía su nación, a la que le faltaba dirección y compromiso con Dios y se apartaba cada días más de él; por eso Ana no pidió un hijo para su propia satisfacción, sino para dedicarlo a Dios y para que sirviera a Israel.

Como respuesta de Dios, nació Samuel. Años más tarde la oración de Ana produjo un impacto en el mundo espiritual de ese entonces, en el que el liderazgo espiritual estaba dormido, y se había corrompido. Samuel llegó a gobernar la nación y a dirigirla espiritualmente, a través de su llamado como juez, sacerdote y profeta.

La historia de Ana nos enseña que cuando una madre le dedica a Dios a su hijo para que le sirva, el Señor responde. La oración de una madre que ama a Dios y con fe le pide por sus hijos, es poderosa.

Los hijos necesitan que cada día y cada noche los cubramos con nuestras oraciones, pidiendo al Señor que los guarde de todos los ataques que reciben en su diario caminar. Estamos viviendo tiempos de peligro para los niños y jóvenes, como el incremento de la perversión sexual, de la drogadicción, el materialismo, la violencia, la corrupción, el ocultismo y el satanismo; pero la oración de una madre será como un escudo que los protege, porque Dios atiende su petición.

Tus oraciones serán escuchadas por Dios y tus hijos verán su respuesta a la fe victoriosa de su madre.

Dejar
un legado de fe

*Doy gracias a Dios, al cual sirvo desde mis
mayores con limpia conciencia, de que sin
cesar me acuerdo de ti en mis oraciones
noche y día;
deseando verte, al acordarme de tus
lágrimas, para llenarme de gozo;
trayendo a la memoria la fe no fingida que
hay en ti, la cual habitó primero en tu abuela
Loida, y en tu madre Eunice, y estoy seguro
que en ti también.*

2 Timoteo 1.3-5 (RVR60)

El apóstol Pablo describe la fe de su hijo espiritual Timoteo, que siendo aún muy joven, manifestaba una fe au-
téntica, sin hipocresía, firme, y radical. Pablo le recuerda
a Timoteo de dónde vino esa fe incomparable: fue el
legado que llegó a su vida, desde dos generaciones
atrás. En la abuela y en la madre de Timoteo "habitó"
es decir, permaneció, esa fe que sembraron después
en su hijo y su nieto.

Timoteo tuvo la poderosa influencia cristiana de su
abuela y de su madre. Ellas marcaron su vida para siempre, con el conocimiento del único y verdadero Dios, en
medio de la influencia cultural y religiosa del imperio
romano de la época, que era completamente contraria
a los principios y valores cristianos.

**Loida es ejemplo de la mujer que deja
un legado de su fe en su hija y en su
nieto. Tú también puedes dejar ese
valioso regalo en tus hijos, tus nietos
y aun en las siguientes generaciones.
Persiste en enseñarles acerca de
Dios y su Palabra, demuestra con
tu ejemplo que en ti habita Dios
y, de seguro, verás el fruto en tus
generaciones futuras.**

¿Cómo puedes ser una madre ejemplar?

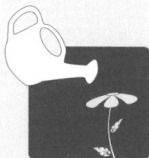

Ten presente que Dios diseñó a la mujer para que pudiera ser madre. Recibe este privilegio con alegría y entrégate a tus hijos de todo corazón. Cuídalos, fórmalos, instrúyelos, intercede ante Dios por ellos y déjales un legado de tu fe.

🌿 Recuerda que ser madre es un regalo grande y digno de Dios. Medita en este texto: *Entonces Ana dedicó a Dios este canto: Dios me ha hecho muy feliz, Dios me ha dado muchas fuerzas. Puedo taparles la boca a mis enemigos; y estoy feliz porque Dios me ha salvado…La mujer que no tenía hijos ahora es madre de muchos. (1Samuel 2.1,5b)* Ana levantó un canto de adoración a Dios por haberle dado a Samuel. Para una mujer estéril, como ella había sido, el que Dios le diera el privilegio de ser madre, era considerado muy grande y digno.

🌿 Pídele a Dios que te dé sabiduría para educar a tus hijos: *Si alguno de ustedes no tiene sabiduría, pídasela a Dios. Él se la da a todos en abundancia, sin echarles nada en cara. (Santiago 1.5).*

🌿 Si tienes varios hijos, ten en cuenta que cada uno es diferente, no sólo físicamente, sino también en carácter. Cada uno de ellos necesita ser entendido, amado y corregido de manera diferente.

🌿 Valora la maternidad en toda su dimensión. Eso te ayudará a asumir tus tareas con total entrega y pasión en tu corazón. Entenderás que vale la pena la inversión de tiempo, amor y fuerzas para que tus hijos también alcancen los propósitos de Dios para sus vidas.

🌿 Aplica las enseñanzas y consejos de la Palabra de Dios, ya que es una fuente inagotable de vida; con su guía podrás marcar el destino de tus hijos para vida y para bien, enseñándoles a amar y a obedecer a Dios. Estos son algunos ejemplos: *Educa a tu hijo desde niño, y aun cuando llegue a viejo seguirá tus enseñanzas (Proverbios 22.6)*. Ustedes, padres, no hagan enojar a sus hijos. Más bien edúquenlos y denles enseñanzas cristianas (Efesios 6.4).

➣ Busca y lee en la Biblia historias de mujeres que fueron madres ejemplares, como: María, la madre de Jesús (Lucas 1.26-56, 2.1-21). La hija del Faraón, que salvó a un niño judío y lo adoptó (Éxodo 2. 1-10).

➣ Habla con Dios, cuéntale tus preocupaciones y tus deseos para tus hijos. Mantén una comunicación permanente con él. Si lo deseas, dile estas palabras:

Señor, entiendo claramente que mis hijos son los tesoros que has colocado en mis manos para que yo los forme, y que también son tu herencia. Te doy gracias por el privilegio y la responsabilidad que me has dado. Necesito tu ayuda para cuidarlos, instruirlos y guiarlos cada día hacia ti. Ayúdame a depositar en sus corazones, temor reverente a ti, para que caminen en integridad y en verdad delante de ti y de los hombres. AMÉN

8. Cultiva tu verdadera belleza

*La belleza
no depende de las
apariencias
sino de lo que hay en el
corazón.
Así que sean ustedes
personas tranquilas y
amables. Esta belleza
nunca desaparece.*

1 Pedro 3.4

La Biblia dice que todo lo que Dios creó fue bueno y que cuando creó al hombre y a la mujer, dijo que era ¡bueno en gran manera! ¿Cómo no iban a ser de una belleza absoluta los únicos seres que Dios creó conforme a su imagen y semejanza? En efecto, el hombre y la mujer, son creación preciosa de Dios. A la mujer le dio una gracia especial, que la hace un ser bello; las mujeres de todas las razas tienen la belleza con que Dios las creó.

Sin embargo, las mujeres invierten miles de millones de pesos y de dólares para que los cirujanos y esteticistas transformen sus cuerpos y rostro. Quieren tener una nueva imagen que quite la insatisfacción que sienten consigo mismas, causada por la crisis de identidad y por la falta de aceptación en la que han vivido. Si no son "bellas" externamente, no pueden cumplir con las expectativas del mundo. Las jovencitas están siendo oprimidas por la anorexia y la bulimia, porque desean tener el cuerpo "perfecto". Todo esto está llevando a muchas mujeres a la destrucción y a la muerte.

Pero, además de la belleza exterior que se acaba con el tiempo, existe una belleza que perdura con los años y hasta la eternidad, y que no puede ser transformada por ningún tratamiento médico o cosmético: es la belleza interior de quien permite que Dios habite en su vida y le transforme. Bien dice el escritor en la Palabra de Dios: *la hermosura es engañosa, la belleza es una ilusión, solo merece alabanza la mujer que teme a Dios (Proverbios 31.30).*

Esperamos que en este capítulo encuentres maneras para ser aún más bella, y que cuando te veas al espejo te sientas feliz, porque ves reflejado a Dios.

La belleza
de Dios
en la mujer

Porque el Señor y el Espíritu son uno mismo, y donde está el Espíritu del Señor hay libertad. Y nosotros no tenemos ningún velo que nos cubra la cara. Somos como un espejo que refleja la grandeza del Señor, quien cambia nuestra vida. Gracias a la acción de su Espíritu en nosotros, cada vez nos parecemos más a él.

2 Corintios 3.17-18

En este texto, el apóstol Pablo está hablando de la necesidad de cambio para que la belleza de Jesús se manifieste en nuestras vidas.

Dios creó a la mujer con una belleza incomparable, desafortunadamente esa belleza se ha perdido en nuestro rostro por causa del pecado y de las heridas del corazón. Por eso, hoy en día las mujeres buscan ser bellas a cualquier precio.

El Espíritu de Dios quiere embellecerte y rejuvenecerte. Su tratamiento es de efecto eterno y no tiene ningún costo. Lo único que necesitas es recibir el regalo de amor y salvación que Dios te ha dado, en su hijo Jesús y permitir que él te arregle y restaure, de manera que cada día te parezcas más a él.

Veamos algunos aspectos de la belleza que Dios quiere darte:

- Un estado físico perfecto

Pero los que confían en Dios siempre tendrán nuevas fuerzas. Podrán volar como las águilas, podrán caminar sin cansarse y correr sin fatigarse.

Isaías 40.31

La clave para una vida fuerte y saludable está en poner toda tu confianza en Dios. La angustia, el temor y los afanes diarios, afectan el cuerpo y producen enfermedades que llevan al debilitamiento.

La Biblia dice en Proverbios 17.22 que *no hay mejor medicina que tener pensamientos alegres. Cuando se pierde el ánimo el cuerpo se enferma.* Cuando te enfrentes a una situación difícil, cuando vengan las adversidades a tu vida, recuerda siempre que el mejor remedio es mantenerte en el gozo del Señor. Esdras pudo animar al pueblo de Israel diciéndoles...*no se pongan tristes, ¡alégrense, que Dios les dará fuerzas!* (Nehemías 8.10).

¿Cómo puedes mantener el gozo en medio de las dificultades? A través de la gratitud a Dios. Un corazón agradecido siempre tendrá gozo, y tú siempre tendrás muchas cosas por qué agradecer a Dios. El apóstol Pablo nos anima en 1 Tesalonicenses 16-18: *Estén siempre contentos. Oren en todo momento. Den gracias a Dios en cualquier circunstancia. Esto es lo que Dios espera de ustedes como cristianos que son.*

- **Belleza que no se acaba**

La belleza no depende de las apariencias, sino de lo que hay en el corazón. Así que, sean ustedes personas tranquilas y amables. Esta belleza nunca desaparece, y es muy valiosa delante de Dios.

1 Pedro 3.4

El apóstol Pedro está dando la fórmula de la belleza permanente; él dice que la verdadera belleza brota del corazón a través de un espíritu amable y tranquilo. La versión Reina Valera de la Biblia lo expresa como un *espíritu afable y apacible, que es de gran estima delante de Dios.* La palabra apacible significa: Suave, agradable, placentero, sosegado, tranquilo, manso y pacífico. Un espíritu apacible adornará tu vida y producirá efectos transformadores. Marcará la diferencia cuando hables, mires o extiendas tus manos para bendecir.

• Un corazón sano

> *Cuando llegaron, Samuel vio a Eliab y pensó: "Estoy seguro de que Dios ha elegido a este joven". Pero Dios le dijo: "Samuel, no te fijes en su apariencia ni en su gran estatura. Este no es mi elegido. Yo no me fijo en las apariencias, yo me fijo en el corazón".*
>
> *1 Samuel 16.6-7*

Samuel había sido enviado por Dios a la casa de Isaí para ungir al nuevo rey de Israel. Cuando Samuel llegó allá, al primero que vio fue a Eliab quien era de estatura militar y de hermosa apariencia. Samuel se sorprendió al verlo, sus ojos naturales se fijaron en la apariencia externa del muchacho y por eso exclamó dentro de sí: ¡Este es el joven que Dios ha elegido! Pero Dios le dijo a Samuel: *Yo no miro la apariencia externa, yo miro el corazón.*

La percepción de Samuel sobre lo que era belleza, es la misma percepción que el mundo tiene con relación a la belleza de la mujer. Nuestra cultura está obsesionada y aún esclavizada, con la belleza externa, con la belleza superficial, que pronto deja de ser. Tu verdadera belleza es consecuencia de tu corazón transformado por Dios.

• Un vestido decoroso

> *También deseo que las mujeres se vistan con sencillez, decencia y modestia. Que no usen peinados exagerados, ni joyas de oro o adornos de perlas ni ropa muy cara.*
>
> *1Timoteo 2.9*

Dios desea que la mujer se vista con decoro y decencia, demostrando sus principios y valores. Esto no significa vestirse con ropa en mal estado o pasada de moda, si no que refleje a una mujer que se respeta a sí misma, y que con su forma de vestir no incomoda a otras personas o es ocasión de tentación para los hombres.

En su carta a los Colosenses, el apóstol Pablo añade más características al vestido: *Y vestíos, pues como es-*

cogidos de Dios, santos y amados, de entrañable mise-
ricordia, de benignidad, de humildad, de mansedumbre
y de paciencia… (Colosenses 3.12. RVR).

En este caso las vestiduras se refieren al carácter. Carácter significa imagen, lo que eres en realidad, lo que hay en tu interior. Dios quiere que, en sentido figurado, te coloques las vestiduras del carácter de Cristo en tu vida y camines mostrando su imagen a fin de que muchos lo conozcan a él.

• Un perfume que no se acaba

Doy gracias a Dios porque nos hace participar del triunfo de Cristo, y porque nos permite anunciar por todas partes su mensaje, para que así todos lo reconozcan. Anunciar la buena noticia es como ir dejando por todas partes el suave aroma de un perfume. Y nosotros somos ese suave aroma que Cristo ofrece a Dios. Somos como un perfume que da vida a los que creen en Cristo. Por el contrario, para los que no creen somos como un olor mortal. ¿Quién es capaz de cumplir con la tarea que Dios nos ha dejado
2 Corintios 2.14-16

A la gran mayoría de las mujeres les gusta el perfume; esto las hace sentir con un toque delicado y de aroma delicioso. El apóstol Pablo habla de un perfume, de una fragancia en nosotros. Somos la expresión de ese perfume en la tierra, somos el grato olor de Cristo. Un perfume que da vida y que atrae a otros para seguir a Jesús. Ese perfume puede llenar de fragancia toda tu casa, tu lugar de trabajo, y cualquier otro sitio donde te encuentres. Es como el perfume que derramó María a los pies del Señor Jesús. La Biblia dice que cuando ella rompió el frasco de alabastro para lavar los pies del Señor, la casa se llenó con el olor del perfume (Juan 12.3). Ese perfume es la fragancia misma de Cristo en ti.

Jamás dudes de tu belleza, eres una creación preciosa de Dios. Pero puedes reflejar una belleza que jamás se caba, que proviene de Aquel que vive dentro de ti.

¿Cómo puedes cultivar tu belleza?

Recuerda que la verdadera belleza que nunca termina, es la del corazón y que cuando el corazón es bello, esa belleza se refleja en el rostro.

- Pídele al Señor que su Espíritu Santo rejuvenezca y embellezca tu corazón cada día, dándote un espíritu tranquilo y amable.

- Practica la gratitud a Dios cada día, sin importar si atraviesas tiempos difíciles. Recuerda todo lo que él ha hecho por ti en el pasado y todo lo que te ha prometido y dale gracias a Dios por eso. La gratitud trae alegría al corazón y la alegría es salud para el alma y para el cuerpo.

- Lee la palabra de Dios cada día y pasa tiempos en la intimidad de la oración con Dios, para que él te llene de su perfume y tú puedas llevar su fragancia de amor y santidad a donde quiera que vayas.

¡Qué bella eres, amada mía! ¡Todo en ti es perfecto!

Cantares 4.7

- Así dice la Biblia que el amado ve a su amada y así te creó Dios, perfecta, hermosa y sin defecto. Desde el Génesis, y a medida que el Creador iba dando vida a su creación, al terminar cada día, la Biblia dice que: Dios admiraba tal belleza. El mundo, engañado por el diablo, ha creado un estereotipo de belleza tan absurdo, que nos ha alejado de la perfecta creación, que somos como hijas de Dios y como mujeres.

Si tú se lo permites, Dios puede cambiar tu vida de adentro hacia fuera. Él puede sanar tus heridas, quitar tus inseguridades, destruir tus complejos y llenar tus vacíos. Sólo Dios puede darte su perfecta identidad y aceptación. Aunque la mujer debe arreglarse y ponerse bonita cada día, el adorno más importante no es el externo, sino el interno. Toda esa obra maravillosa de Dios en tu vida, toda esa belleza interior que únicamente puedes tener en él, se proyectará hacia el exterior, y aún tu rostro cambiará, por la paz y por el gozo que Dios pondrá en tu corazón. Todos mirarán tu belleza interior y te admirarán, anhelarán tener lo que tú tienes, desearán tu consejo, tu amistad y tu aprecio y la belleza exterior pasará a un segundo plano, ya no será tan importante ni para ti, ni para los demás.

Dile al Señor:
Mi Señor y Dios, te pido que me ayudes a entender cada día, el verdadero valor de lo eterno.
Quiero caminar en tu carácter, ser como tú eres. Anhelo que el fruto de tu Espíritu Santo se manifieste en mi vida y la gobierne. Te pido que el amor, el gozo, el dominio propio y la bondad, sean los mejores adornos de mi corazón. Quiero llevar siempre la dulce fragancia de tu carácter en mí, y reflejarla a los demás, para gloria de tu santo nombre. AMÉN